张氏易筋经

主　编　张晓航

副主编　郭培杰

编　委　张洪友　贾　悦

　　　　吕定杰

北京体育大学出版社

策划编辑 力　歌
责任编辑 张　力
责任校对 罗乔欣
版式设计 联众恒创

图书在版编目（CIP）数据

张氏易筋经/张晓航主编. -- 北京 ： 北京体育大学出版社，2016.1（2021.11重印）
ISBN 978-7-5644-2200-4

Ⅰ．①易… Ⅱ．①张… Ⅲ．①易筋经（古代体育）—基本知识 Ⅳ．①G852.6

中国版本图书馆CIP数据核字(2016)第018246号

张氏易筋经
ZHANGSHI YIJINJING

张晓航　主编

出版发行：北京体育大学出版社
地　　址：北京市海淀区农大南路 1 号院 2 号楼 2 层办公 B-212
邮　　编：100084
网　　址：http://cbs.bsu.edu.cn
发 行 部：010-62989320
邮 购 部：北京体育大学出版社读者服务部 010-62989432
印　　刷：北京富泰印刷有限责任公司
开　　本：710mm×1000mm　　1/16
成品尺寸：170mm×240mm
印　　张：8
字　　数：116 千字
版　　次：2016 年 1 月第 1 版
印　　次：2021 年 11 月第 2 次印刷
定　　价：35.00 元

前 言

《易筋经》相传为达摩所创。"易筋经"的"经"字指记载一事一艺的专书。《易筋经》是记载"易筋"的专书，所谓"易"者，指"阴阳之道""变化之易"，所谓"筋"者，是指"人身之筋络"也，人身四肢百骸，无处不是筋，联系周身，通行血脉，"易筋"就是要运用各种功法，锻炼自身经络，使弱者变强，挛者变舒。张氏易筋经来源于创始人张长祯先生于清末时候，为保护钦差下江南查办贪污案时，途经河南柘城县，有缘遇到一位少林得道高僧相传"易筋经"，并将功法传承下来，并流传至今。

而《张氏易筋经》最大的特色在于吐纳导引与武术紧密结合，以及理论与功法的紧密结合。所谓的武术是以技击动作为主要内容，以套路、格斗、功法为主要运动形式，而技击是武术的本质特征，也是武术技术动作反映的核心内容。而传统导引术是以主动的肢体运动，配合呼吸运动或自我按摩而进行锻炼，其中还包括吐纳、行气、服气、练气、静坐等。所以说武术的本质属性是一种技击术，而传统导引术的本质属性是一种养生术。由于形成原因的不同、发展道路的不同导致了最终形成的事物也是截然不同的。武术与传统导引术的本质区别正是在其产生和发展过程中体现出来的，就本质属性的不同，最终导致了二者的主要功能的不同，在社会上流传也大相径庭。

传统易筋经练习要领是意守、调息、运行的统一，最关键的是意守，只要精神专注，方可宁神静息，呼吸均匀，导气血运行。而在锻炼过程中，内练精神、脏腑、气血；外练筋脉、筋骨、四肢，使内外和谐、气血

周流，整个机体可得到全面锻炼。并提出了易筋、炼膜与炼气等相辅相成的功法原理。这里的"筋"不单指韧带的筋，还包括了肌肉、筋膜、神经血脉。精气神为无形之物，筋骨肉为有形之身。必先练有形之身为无形之佐，培无形者为有形之辅。而张氏易筋经在这个基础上将武术中的劲力包含进来，比如韦陀降魔杵瓦垄掌前穿、倒拽九牛尾内旋—下拉—拽回、卧虎扑食中外扑的劲力等，可以让全身各个相关肌肉协调一致的运动所产生的力，在武术中称为"劲力"。

从生理学的角度来看，改善肌肉放松程度、肌肉的收缩力、神经—肌肉的反应速度、肌肉的初长度等都会影响整体动作。如果在肌肉收缩前就给予肌肉一定的负荷（称为前负荷），使肌肉拉长以后以改变其初长度，将可看到随着前负荷的增大，肌肉的初长度逐渐增加，肌肉的收缩效果也逐渐增大，当肌肉初长度增加到一定长度时，肌肉将产生最大的张力；此时，若让肌肉在不同后负荷下进行缩短收缩，其每一后负荷下所产生的收缩速度，都要较肌肉处于其他长度时为大，说明其做功能力增大。这就可以简单说明武术中的"劲力"的产生。

习练张氏易筋经最大的特点是同时具备导引术养生的效果，更可以改善错误的发力习惯。例如肌群未能明确分工，没有建立良好的协作关系所出现的"拙劲"；关节僵紧，肌肉僵硬，动作不准确的"僵力"；不按照动作的用力法则，使得动作不顺达，易断滞而不连贯的"蛮力"。可以使得人体各部位肌肉的高度协调与配合，让人体意念、呼吸与力量的高度集中统一，涵盖了人体运动的"上下、左右、前后、内外"等方方面面的"整力"，既达到了传统导引术的内在养生功能，而又可以增进人体整个神经—肌肉系统有序度的提高。

目 录
CONTENTS

全部影像视频

本书二维码使用说明

本书资源全部指向书链网，您可以直接微信扫码，观看视频讲解示范，也可以在手机里安装书链客户端（APP）扫码使用，APP下载视频到手机，可以支持离线播放。

第一章 功法介绍

一、什么是易筋经

易筋经源自古代的导引术。易筋经的"易"是取自于《易经》中的"易",有"变易""变化""变换"的含义。《易筋经》原文说:"易者,乃阴阳之道也,易即变化之易也。"易的变化存在于万物阴阳之间,人体中同样存在阴阳之变化。《易筋经》曰,"弄壶中之日月,拎掌上之阴阳",就是把握自身体内之阴阳应象,主动地进行习练,以达到形与意、气与血、筋与肉、皮与骨、内与外、人体与自然高度协调统一和平衡的状态;"筋",骨节之外,贴肉之内,四肢百骸,无处非筋,无筋非络,联系周身,通行血脉,谓精神之外辅。从功能上讲,泛指人体的经络、筋经、血管、神经、肌肉、韧带、肌腱等组织。易筋经主要是指通过一些特定的锻炼方法,来促进人体气血运行,增强肢体、韧带、肌肉的力量和改善人体各种组织器官的生理功能的一套功法。

一般认为易筋经由南北朝时期印度高僧菩提达摩所创。菩提达摩于南北朝梁武帝时来到中国,后驻河南嵩山,有九年面壁的传说,并开创了中国佛教的最大流派 "禅宗"。传说达摩见佛寺中僧侣们终日打坐,导致气血枯萎,身体羸弱,故而传授他们易筋经以及拳法,目的是使僧侣们能强身健体,以便更好地参研佛法。在易筋经流传中,少林寺僧侣起到了重要作用。由于禅宗的修持以静坐为主,坐久则气血瘀滞,需以导引术来活动筋骨,通行气血。因此,六朝至隋唐年间,在河南嵩山一带盛传导引术。少林寺僧侣借此来活动筋骨,习武健身,并在这个过程中不断对其进行修改、完善、补充，使之成为一种独特的习武健身方式，最终定名为"易筋经"，并在习武僧侣中秘传。

所以，易筋经功法应是源于中国古代养生导引术，而非达摩大师所创。易筋经作为古代传统养生功法之一，应该是编撰成形于明代，并在流传、演化过程中才托名达摩和少林寺所传。

二、易筋经的原理和功效

（一）对心血管系统的功效

练习易筋经，能提高循环系统的功能，从而达到健身防病的作用。易筋经的动作轻灵、圆活并富有节奏，要求姿势舒适自然，体态轻柔，肌肉不至于过分紧张用力，在整体身肢松长的情况下，进行螺旋形顺逆缠丝运动。可以使肌肉本身的弹性得到良好的锻炼，并提高血液循环速度，因此，可祛除因血行受滞而引起的疾病。此外，在易筋经的弹性运动中，肌肉在收缩和放松过程中既能产生三磷酸和腺苷酸等扩张血管作用的物质，又能反射性地引起血管放松，使血管不易硬化，在螺旋运动配合下，即能防止血管硬化，使血管弹性增强，加强心脏功能。

（二）对呼吸系统的功效

练习易筋经时，要求呼吸要"沉静稳定，匀细深长"，行气中要求"气沉丹田"，使膈肌有节律地收缩和舒张，不断地改变胸压和腹压，在增压与减压的过程中，使得脏腑器官得到充分的按摩，毛细血管得以扩张。胸腔压力的规律变化及呼吸的深缓，使得呼吸器官得到充分的营养滋润，从而改善健康状况。易筋经中的"腹式呼吸"使呼吸肌得到锻炼，加强呼吸深度，保持肺组织弹性，增加胸廓活动度和肺活量，并使肺泡有效通气量增加，使得气体交换良好，在呼吸次数明显减少的情况下，同样能达到满足机体对氧气的生理需求。

（三）对消化系统的功效

易筋经运动特有的呼吸方式，可以直接加大膈肌活动幅度，改变交感神经和副交感神经的兴奋强度，进而影响消化器官的活动力。练习易筋经时，腰部的动作多，可以促进腹腔血液循环，使胃肠蠕动和消化液的分泌增加，以提高消化能力。练习易筋经可以对肠胃起到双向调节作用，使胃肠蠕动亢进者变缓；而对胃肠蠕动迟缓者，可以使胃肠蠕动加深、加快、肌张力提高、胃排空加速，从而有效地消除积气，保持排便通畅，起到防治便秘和神经性腹泻等消化道疾病的功效。又由于腹腔活动幅度增大，对肝脏有按摩作用，可以消除肝脏淤血，改善肝功能。

（四）对肌肉骨骼的功效

易筋经是典型的有氧运动，因为动作缓慢，没有明显的爆发和跳跃动作，所以整个过程中肌肉和关节在多种角度下完成一系列近于静力性的等张练习，并且易筋经的动作以较慢的速度进行，因此膝屈伸肌群的负担较大，长期练习能发展下肢骨骼的支撑力和肌肉体积，可以增加下肢肌肉力量和耐力，保持平衡和稳定能力。而且《易筋经》对消化、呼吸、循环等系统功能的提高，可以使骨骼得到充分的营养供应和吸收，从而改善其功能，有助于减缓骨质疏松进程，并且透过肌力的改善，对减缓骨质疏松有一定的作用。

（五）对中枢神经系统的功效

练习时通过意念活动，可排除杂念，净化思绪，使注意力集中，使得脑得到安静休息，平衡兴奋和抑制功能，降低交感神经紧张，安定心神，消除因中枢神经系统失调所导致的神经衰弱、失眠、健忘。在练习易筋经时，中枢神经系统可使脑呈现出节奏性的活动，使脑波向良好方向发展，有利于锻炼中枢神经系统，起到防老抗衰作用。

三、什么人需要练易筋经

《易筋经》中提到："人身之筋骨由胎禀而授之，有筋弛者，痉挛者，筋靡者，筋弱者，筋缩者，筋壮者，筋舒者，筋和者，种种不一，悉由胎禀。如筋弛则病，筋弱则懈，筋缩则亡，筋壮则强，筋舒则长，筋和则康。"从文中透露出两点重要信息：（1）筋的状态可以影响人体的健康情况。（2）人的筋骨是先天的，借助锻炼，可将弱筋变强筋，体虚变体壮。借助练习易筋经可以让人体的筋、肉、骨和缓地伸展，使体内循环系统机能旺盛，精、气、血就能充分地灌注于经络、筋骨、脏腑，就能使身体充满活力。

（一）酸痛人群

有些人时常会有局部的酸痛，这类人群大部分都是因为"筋"的过度收缩紧张所造成，尤其是腰部、肩部、颈部的肌肉特别容易发病。这类人群，适合使紧缩的筋逐渐地舒展、伸长，使肌肉放松，气血流行，这样就可以减缓酸痛的发生。

（二）紧张人群

现在社会生活节奏快速，很多人不自觉地累积了大量生理和心理上的压力，当长期处于紧迫的状态，会出现"筋"僵硬或是挛缩，肌肉出现紧绷、变硬的症状，在这种状态下，容易造成气血的瘀滞、神经的压迫，导致局部疼痛，注意力也无法集中，常常会有急躁、易怒的不良情绪。这类人群，适合使僵硬的"筋"变柔顺平和，当痛苦解除，身心自然会慢慢地调节平衡，心情也会恢复平和。

（三）肥胖人群

"筋"的松弛会导致肌力的不足，会使体态走样，出现松垮不紧实的现象，更进一步会威胁到健康，如水肿、关节容易扭伤、无力、机体代谢能力降低等不良反应。这类人群，如果使松弛的"筋"恢复弹性，则可使体态更为紧实，体力、耐力、灵活度、代谢能力都可以恢复提升。

（四）衰老人群

现代人长期坐着不运动，常常会出现常生病、体力差、提早衰老等症状。因为"筋"的衰弱无力，使得筋膜逐渐地丧失保护作用，限制了肌肉、骨骼的活动能力，使人活动能力受到局限、行动迟缓，造成机体的退化，人也缺乏活力。这类人群，需要松筋活血让虚弱的"筋"恢复强健有力，可使人变得更年轻、有活力。

易筋经是一种高效的有氧运动，透过伸展筋络、筋骨，配合上呼吸、调息，可使人体处在高效的状态下。如此，则可促进机体的气血循环，淋巴、体液的运行通畅，使细胞获得更多的养分，也使废物能够顺利地排除，可提升自体免疫能力。对于多坐少动的现代人，是很适合练习，不但可以促进健康，更可以静心安神。

四、练功前需要注意的几件事

（一）练习前的准备活动、练习时间

一般来说，最好的练习时间是清晨起床后，最好排空大小便，结合散步做一些随意的准备活动，然后静立片刻，调匀呼吸，排除杂念，以全身发热、通体微汗为宜。练习时间长短，应根据自己的身体情况而定，体弱者可适当减少练习时间，随身体的好转，再逐步延长练习时间，逐步加大运动量，要循序渐进，持之以恒，切记酒后、饭前过饥、饭后过饱时不宜练习。

（二）练习中的动作要求及运动量

练习时要用意而忌用力，《易筋经》的动作都是由意识来支配的，用意念来引导动作以达到精神和肌肉两方面的锻炼。练习应尽量自然放松、柔和、缓慢，避免造成呼吸急促、心跳增快等副作用。运动量要根据各人不同的体质和健康状况，并根据气温，灵活调整运动量，千万不要用力抬腿或下蹲，动作幅度要适可而止，气温较高时，运动量应小些，耐力和力量性训练应减少，柔韧性训练可增多。

（三）练习环境及情绪

练习地点最好能选择一个干净避风的环境，以健身房、庭院、公园等空气新鲜、多光线的地方为宜，忌日光直射、风口和阴湿晦气之地，练《易筋经》要求"呼吸深长""气沉丹田"，烈风和晦气深入腹中，有害于脏腑。心情要舒畅，大悲大怒后以及情绪欠佳尚未稳定时，不宜练功。

五、练习时需要注意的几个要点

（一）精神放松

习练本功法要求精神放松，意识平静，不做任何附加的意念引导，也不需要意守身体某个部位，而是要求将注意力随着形体动作的运行而变化。即在练习时，以调整身体动作为主，通过动作变化自然就可以导引气的运行，做到意随形走，意气相随，起到健体养生的作用。同时，在某些动作中，需要配合形象的意识思维，如：三盘落地式中，下按、上托时，两掌有如拿重物；击掌亮翅式中伸肩、撑掌时，两掌应该有推重物山的感觉；倒拽九牛尾式中拽拉时，两胳膊有如拽牛尾；打躬式脊椎屈伸时，应该感觉有卷曲伸展运动。这些都要求意随形走、用意要轻，似有似无，不可以刻意执着。

（二）呼吸自然

练习时，要求呼吸自然、柔和、流畅，不刻意憋喘，也不发生阻滞，这样有利于身心放松，达到心平气和，身体协调运动。假如执着于深长绵绵、细柔缓缓的呼吸，而不用自然呼吸，就有可能出现心烦意乱，动作不协调以及松缓等情况，不但无法从练习中受益，反而会影响练习效果。因此，练习时，最好以自然呼吸为主，而动作与呼吸保持柔和协调为佳。虽说如此，在某些动作中也要主动配合进行自然呼或自然吸，如：韦陀献杵第三式中双掌上托时自然吸气；倒拽九牛尾式中收臂拽拉时自然呼气；酒鬼拔马刀式中展臂扩胸时自然吸气，含胸合臂时自然呼气，起身开臂时自然吸气；击掌亮翅式中两掌前推时自然呼气等。因为胸部会随着这些动作的变化而扩张或缩小，吸气时胸部会扩张，呼气时胸部会缩小。所以在习练时，最好配合动作，随胸部的扩张或缩小而自然吸气或呼气。

（三）刚柔相济、虚实相兼

传统导引术的动作组成有刚有柔，且刚与柔是在不断相互转化；有弛有张、有轻有沉，依照阴阳对立统一的概念编排而成。如：倒拽九牛尾式中，双臂内收旋转逐渐拽拉至止点是刚，为实；随后身体以腰转动带动两臂伸展至下次收臂拽拉前是柔，为虚。又如：击掌亮翅式中，双掌立于胸前呈扩胸展肩时，肌肉收缩的张力增大为刚，是实；当松肩伸臂时，两臂肌肉等张力收缩，上肢是放松的，为柔；两臂伸至顶端，外撑有重如排山之感时，肌肉张力再次增大为刚，是实。所有的动作都要求在用力后适当放松，松柔后需适当有刚。练习时，动作需要虚实适宜，刚柔相济。动作应以刚中含柔、柔中寓刚，刚与柔、虚与实之间相互协调配合，应该避免绝对地刚或柔。如果用力过"刚"，则会出现拙力、僵力，进而影响呼吸，较不易达到心境上的平和；假若动作过"柔"，会出现疲软、松懈，起不到较好的锻炼效果。

（四）循序渐进

锻炼时应该依据不同年龄、不同体质、不同健康情况、不同身体条件下，根据自己自身实际情况灵活地选择各式动作的活动幅度或姿势。例如：三盘落地式中屈膝下蹲的幅度，卧虎扑食式中十指是否着地姿势的选择等等。习练时还应遵循由易到难、由浅到深、循序渐进的原则，否则，对身体产生较大的负担，进而影响练习的效果，甚至危害身体健康，造成筋骨、肌肉的伤害。

第二章　基础动作

　　基本功是练习传统导引术必须具备的身体活动能力、技术技巧能力等基础。基础训练，包括了柔韧性、灵活性、协调性等一系列综合性练习人体内、外各部位功能的方法。

　　在张氏拳法的传承中，不论是武术技击或是导引养生，都强调基础的扎实。而这些基本功包括腿功、腰功、肩功等主要内容。腿功表现的是腿部的柔韧性、灵活性等功夫；肩功表现的是肩关节柔韧性、活动范围的大小以及力量等方面的功夫；腰功表现的是腰部灵活性、协调控制上下肢运动的能力和身法技巧的功夫。在张氏拳法的传承中，最基础的基本功包含了遛腿、熇腿、洗肩、磨腰等四个重要部分，每个部分都不仅仅是局部或单个关节的活动，例如遛腿就包含了手、眼、身、法、步的协调配合，要知道身体素质不是孤立存在和发展的，它们之间相互影响、相互促进和相互制约。而其他的包括熇腿、洗肩、磨腰的练习除了局部的针对性外，也包含这几个方面锻炼，所以说基本功可以全面发展身体整体素质。

　　张氏拳法中的导引术，强调以形体导引，调节人体经络气血运行，以导形引气，调整经络脏腑气血，使其气血调和，改善脏腑功能以祛病健身。虽然以"筋骨顺而气血行，气血顺而脏腑调"为核心，但是在锻炼的过程中也强调以基本功为基础，透过基本功强化肌肉、肌腱、韧带等外在身体素质的柔韧性和协调性，使得在练习导引术的过程中身体能够有更好的伸展和稳定，从而达到外与内合、形与气合，更好地提高导引术的练习效果。

9

一、基本呼吸法

（一）正确呼吸法

肺是体内外气体交换的主要场所，在胸廓有节律地扩大和缩小中完成吸气与呼气，为身体提供氧气，排出二氧化碳，保证生命的正常运行。呼吸主要有胸式呼吸和腹式呼吸，前者短而浅，后者长而深。腹式呼吸是让横膈膜上下移动。由于吸气时横膈膜会下降，把脏器挤到下方，因此肚子会膨胀，而非胸部膨胀。而吐气时横膈膜将会比平常上升，因而可以进行深度呼吸，吐出较多易停滞在肺底部的二氧化碳，并且可以按摩我们的内脏器官，是一种较好的呼吸方式。

很多人因为呼吸太短促，只采用通过肋间肌和肋骨运动的胸式呼吸，每次的换气量非常小，使空气不能深入肺叶下端，导致换气量小。在正常呼吸频率下，通气不足，使体内的二氧化碳累积，而久坐、压力、焦虑是导致这一结果的主要原因。浅短的呼吸方式不仅容易让人大脑缺氧、感到疲惫，还与焦虑、压力、抑郁、心脑血管疾病，甚至癌症紧密相连。

正确的深呼吸方法要把握两个原则，即匀和缓。吸气时，尽量用鼻子均匀缓慢地吸气，尽量深吸，吸到吸不进气体为止，呼气时要用力往外吐，假想自己在吹一个气球，这样才能最大限度地将废气排出体外，以保证交换的气体多一些。最好的呼吸方法是"吸—停—呼"，无论是防治疾病、强身健体，还是压力来袭、情绪不稳、睡不着觉时，都可以按照以上方法做做深呼吸。

（二）正确呼吸对人体的三大好处

【舒缓肌肉及关节】

自古以来，养生家都会强调呼吸的重要性，例如明·龚廷贤的《寿世保元》中："呼出脏腑之毒，吸入天地之清。"而当疾病发生之前，我们的身体肌肉筋骨等外在局部位置就会出现不适感，如现在人常见的腰背酸痛、四肢活动不利、肢体麻木僵硬等，提示着身体内部出现病变，可以借由正确的呼吸法，将全身处于一种一松、一紧、一弛、一张的状态，间接地达到放松舒缓的状态。

【强化脏腑平衡】

正确的呼吸法，可以在呼吸之间，协调体内五脏六腑、经脉气血运行的作用。还可以借助调息来调节脏腑间五脏运行，并和天地间五行相生相克达到联系，使五脏和天地阴阳五行间协调，借由吸入清气、吐出浊气，来平衡内脏间的运转，达到平肝、补心、健脾、肃肺、纳肾等脏腑正确运行模式。

【以外在呼吸引导内气运行】

陶弘景在《养性延命录》一书中说："凡行气，以鼻纳气，以口吐气，微而行之名曰长息。纳气有一，吐气有六。纳气一者谓吸也，吐气六者谓吹、呼、嘻、呵、嘘、呬，皆为长息吐气之法。时寒可吹，时温可呼，委曲治病，吹以去风，呼以去热，嘻以去烦，呵以下气，嘘以散滞，呬以解极。"借助呼吸带动体内气机运行，调整体内病变部位，进而恢复健康，也可以使心境恢复平和、情绪恢复稳定。

二、基本暖身法

（一）张氏舒缓放松法——遛腿

"遛为百练之母。"遛腿因集调息、敛意、热身为一体，使习者进入练功状态，所以列练功之首位。

【动作过程】

（1）两脚平行开立与肩同宽，身体自然正直，两臂自然下垂，两手十指相对掌心下按于小腹前。头端正，目不远视。（图2-1）

图 2-1

（2）两腿微屈膝，左脚向前迈出，脚尖点地。同时，右手自体侧向体前正中上摆，抖腕立指，中指对眉心，左手屈指成钩下落至体侧后，略停。（图2-2）

图 2-2

12

（3）右手猛然向前下方切落。（图2-3）

图 2-3

（4）右手屈腕屈指成鹅头钩。（图2-4）

图 2-4

13

（5）右脚迈出，右手钩略停，再下落至体侧后；左手重复右手动作。（图2-5～图2-7）

（6）左右交替行进数次。

图 2-5

图 2-6

图 2-7

（二）张氏基本拉筋法—熇腿

熇腿犹如红焖坛肉烹制过程一样，把坛子熇在炉旁，慢火调制。张家良先生曾说："熇腿的练法相当于要在炉上慢烤。" 这和现今追求的快速、死板、器械性的拉撑有着本质上的区别。

【动作过程】

（1）两脚平行开立与肩同宽，身体自然正直，两臂自然下垂，两手十指相对掌心下按于小腹前。头端正，目不远视。（图 2-8）

图 2-8

（2）右腿屈膝
上提，右脚由地面提
至左膝前，右脚脚心
向内，脚趾向左。右
腿膝内掩裆，呈金鸡
独立式。（图2-9）

图 2-9

（3）右脚由左膝前向正前方蹬伸，将右腿伸直，再把右脚轻轻搭放在架子上。脚尖勾回。（图2-10、图2-11）

图 2-10   图 2-11

（4）以头找脚尖，动作到位后稍停，恢复动作（3）。（图2-12、图2-13）

图2-12　　　　　　　　　　　　　　　图2-13

（5）左手由腰部离开，虎口向下，反手抓握右脚背，上体右转，眼视右后方。（图2-14、图2-15）

图2-14　　　　　　　　　　　　　　　图2-15

（6）身体往腿部靠拢后，稍停。（图2-16、图2-17）

图 2-16　　　　　　　　　　　图 2-17

（7）右手放置于左肋下，身体向左旋转，头从左臂下探出，目视上方，稍停后恢复动作（3）。（图2-18、图2-19）

图 2-18　　　　　　　　　　　图 2-19

（8）双手上举，指尖于膻中处相对，稍停后左转。（图 2-20 ～图 2-23）

图 2-20

图 2-21

图 2-22

图 2-23

（9）沿身体左侧下按。（图2-24、图2-25）

图2-24　　　　　　　　　　　图2-25

（10）双手抱左脚踝，身体尽量往腿部靠拢，稍停。（图2-26、图2-27）

图2-26　　　　　　　　　　　图2-27

（11）双手按地，抬头，目视前上方。（图2-28、图2-29）

图 2-28

图 2-29

（12）恢复动作（3），重复动作（4）后，右脚下落还原预备姿势。右式完成后再做左式，左右动作相同。

【注意事项】

（1）依照身体状态调整合适高度，身体尽量保持平稳。

（2）脚跟搭放不宜过多，动作过程中保持脚尖回勾。

三、进阶暖身法

（一）张氏肩部松筋法——洗肩

是指洗去肩部淤塞之垢，舒筋活络利于通气。

【动作过程】

（1）两脚平行开立与肩同宽，身体自然正直，两臂自然下垂，两手十指相对掌心下按于小腹前。头端正，目不远视。（图2-30）

（2）提起左脚，向左开跨，向左旁开一步，向左转体，呈左弓箭步。（图2-31、图2-32）

图 2-30

图 2-31

图 2-32

（3）右手手心向上，拇指向外，上由腰际向前平缓穿出至肩平。目送右手中指尖。（图2-33）

（4）右臂由前平向上画至头上。手心向后，拇指向外，尽力伸引。（图2-34）

图2-33

图2-34

（5）两脚不动，胯向右转90°呈左侧弓箭步。右臂内旋，手心向外，拇指向内，立掌由头上向体侧劈落至肩平。（图2-35）

图2-35

23

（6）还原成左弓箭步，右手穿出后，立掌。（图 2-36、图 2-37）

（7）双脚不动，胯向右转 90°呈左侧弓箭步。右手下按，置于右腰间。（图 2-38）

图 2-36   图 2-37

（8）右臂外旋，沿右侧上穿，经耳前，右臂直伸。（图 2-39、图 2-40）

（9）身体左转 90°呈左弓箭步，转身同时右臂下击至肩平。（图 2-41）

图 2-38

图 2-39

图 2-40

图 2-41

（10）维持左弓箭步，立掌。右臂下落至右腰间。（图 2-42、图 2-43）

（11）右臂上举，至耳前处右手前翻，掌心向上。（图 2-44）

（12）继续上举至头顶，抬头，目视前上方。（图 2-45）

图 2-42

图 2-43

图 2-44

图 2-45

（13）右臂外旋，手心向上，拇指向外。右掌背向体前砸落至肩平。（图2-46）

（14）立掌向左下按落至体前裆下。右臂屈肘收回腰际，收左脚起身。（图2-47）

图2-46　　　　　　　　　　　　　　　图2-47

（15）向右转体180°做左式。左右动作相同。左右动作全部完成后，还原成预备姿势。

【动作要求】

（1）弓步左右转胯时后脚尖要对正前脚跟，上体要中正。

（2）落掌力砸千斤，立掌要坐腕展指。

【功　理】

坐腕立掌下劈、掌心向后之直臂上伸、掌心向上之沉肩砸臂、立掌下按等动作，旨在激活肩臂后下方经筋，舒筋活络利于通气。由于张氏易筋经在锻炼时要求达到全身各个相关肌肉协调一致的运动所产生的力，而产生出武术所谓的"劲力"，所以在洗肩练习时要更加注意伸臂时的延伸以及定位时的停顿。在延展时达到极限处再稍微停顿，停顿后再稍微延伸，使得整体肌肉的延展性加以提升。

（二）张氏腰部强壮法——磨腰

"磨"字从石，本义具有磨制石器的意思。加工玉称"琢"，加工石称"磨"。《诗·卫风·淇奥》中有："如切如磋，如琢如磨。"《论衡·量知》中说："切磋琢磨，乃成宝器。"引申有克服阻碍、困难和磨炼含义。

【动作过程】

（1）两脚平行开立与肩同宽，身体自然正直，两臂自然下垂，两手十指相对掌心下按于小腹前。头端正，目不远视。（图2-48）

（2）起左脚，开跨，双手放于腰边。（图2-49）

图2-48　　　　　　　　　　　图2-49

（3）向左横向开步，两膝弯曲下蹲，两大腿与地面平行，小腿与地面垂直，脚尖内扣，五趾抓地，呈马步。右手从腰间向后内旋，达身侧与肩平。从外侧向前展开，右手翻转，手心向上。（图2-50、图2-51）

图 2-50

图 2-51

（4）左手由腰际掌在目光引领下，向正前方平缓穿出至肩平，手心向上。（图2-52）

（5）身体不动，左手由正前方外展运至身体左侧肩平，手心向上。（图2-53）

图 2-52

图 2-53

（6）身体不动，左手由左前方运至身体正后方。身体后仰，向前挺腰做桥。（图2-54、图2-55）

图 2-54　　　　　　　　　图 2-55

（7）身体向前翻转，由仰身换至俯身。重心随身体翻转动逐渐向右过渡，呈右弓步。左臂由后方收至于左耳旁，手心向上，手指向右。上体向右前方斜倾长腰，左臂手心向上，向右前方反背插掌至手臂伸直。同时头向右转，由右肩头回头看左脚跟。（图2-56）

图 2-56

（8）左手维持不动，以腰运身，身体向左转至正前方。（图2-57、图2-58）

图 2-57　　　　　　　　　　　　　　图 2-58

（9）再转至左边后，身体转动运至正前方。左手由外向内圈手画圆收于腰际。（图2-59）

（10）身体后倒做桥，左手手心向上手指向前，由腰际向前穿至腰平伸直。（图2-60）

图 2-59　　　　　　　　　　　　　　图 2-60

（11）上身起立，身体向左转回正面，两腿呈马步。开始右磨腰，动作和左边相同。（图2-61）

图 2-61

【动作要求】

（1）肢体圆活舒缓，切忌用力。

（2）嘴微张不憋气。

（3）前后左右四正面要适度停留。

【功　理】

磨腰功以肚脐、命门、左右带脉为主穴，以练通带脉为主。张氏易筋经在锻炼时要求达到全身各个相关肌肉协调一致的运动所产生的力，而产生出武术所谓的"劲力"，所以在磨腰练习时，要求后仰、侧展、前探等动作时，从腰部、胸部、肩、臂、手尽量地延伸，在延伸至极限时稍微停顿后再稍微延伸，可以使得整体肌肉的延展性加以提升。

（三）张氏劲力延展法——穿掌

【动作过程】

（1）两脚平行开立与肩同宽，身体自然正直，两臂自然下垂，两手十指相对掌心下按于小腹前，随后双掌收于腰间。（图2-62、图2-63）

（2）身体右旋，左掌穿出。右掌从左掌上穿出，右手掌平肩手心朝上，同时身体回正。（图2-64、图2-65）

图 2-62　　　　　　图 2-63

图 2-64

图 2-65

33

（3）右手掌曲掌，内旋刁勾。（图2-66、图2-67）

（4）左腿伸出成右弓步，左手内旋至鼻尖掌心向左，身体由右侧向下，经过右脚前至左腿边上，左掌尽量贴地。（图2-68、图2-69）

图 2-66　　　　　　　　　　　图 2-67

图 2-68　　　　　　　　　　　图 2-69

（5）身体向上，呈左弓步。左掌平肩推出后向下刁勾。左臂向后摆至极限处。（图2-70～图2-73）

（6）右掌收于膻中并推出。身体随右掌由直立向右前俯身长腰。左转头，侧脸看左脚跟。（图2-74～图2-76）

（7）回正呈左弓步，身体右转回正。身体回正做右势，左右动作相同。（图2-77）

图2-70

图2-71

图2-72

图2-73

35

图 2—74　　　　　　　　　　　　　图 2—75

图 2—76　　　　　　　　　　　　　图 2—77

【动作要求】

（1）过程中两腿前弓后绷。右手尖、脊柱、腿成一条直线。

（2）身体尽力伸展。

【注意事项】

　　张氏易筋经在锻炼时要求达到全身各个相关肌肉协调一致的运动所产生的力，而产生出武术所谓的"劲力"，所以在穿掌练习时，要求下蹲后穿掌等动作时，全身尽量地延伸，在延伸至极限时稍微停顿后再稍微延伸，使得力量从脚至手之间通彻无阻，可以增进人体整个神经—肌肉系统有序度的提高。

第三章 功法演示

预备势

【基本动作】

【动作一】

（1）开左步，双腿与肩同宽，双脚大拇指内扣，膝盖微屈。（图3-1）

图 3-1

（2）吸气，双手掌心向下，经身体两侧慢慢向前平举至与肩同高，掌心翻转向上呈瓦垄掌，慢慢收回腰间。（图3-2、图3-3）

【动作二】

（1）呼气，保持掌心向上，双手慢慢向下推。（图3-4）

图 3-2

图 3-3

图 3-4

（2）吸气，双手掌心向上呈瓦垄掌，两臂分开向左右两侧平举，直至与肩齐平。（图3-5）

图 3-5

（3）呼气，头转向左侧看左手，左掌向外延伸，内力运送至左手指尖。

再看右手，内力运送至右手指尖。转正看前方。（图3-6、图3-7）

图 3-6

39

图 3-7

【动作三】

（1）吸气，双手慢慢向上举直至头顶，双掌合十指尖向上，头颈跟着抬起目视双手。（图 3-8）

（2）呼气，双掌合十从体前自然收回至胸前，两臂屈肘，指尖向斜前上方约 45°角。（图 3-9）

图 3-8

图 3-9

　　（3）调整呼吸，眼观鼻，鼻观口，口观心，三观合一，目似垂帘，调息3次，收式。（图3-10）

图 3-10

【动作要领】

　　（1）做预备势时，身体要放松，用意不用力，使全身的肌肉、骨骼、神经都呈放松状态。

　　（2）呼吸要自然，心平气和。三观，眼看目视谓之观，用心看也谓之观，三观合一时，眼慢慢往下看，先看鼻尖，再内看膻中，最后内看到下丹田。

【易犯错误】

　　（1）手脚摆放僵硬不自然。

　　（2）忌内心杂念多，呼吸不平和顺畅，就进入不到练功的最佳状态。

【纠正方法】

用吐纳法调息，将腹内浊气吐出，再慢慢吸气，先吐后纳，通过吐纳导引做到意静神收。

【功理作用】

预备势是让我们先收心求静，练习吐纳，让身体和意识逐渐走向练功的状态。练习易筋经的要领，在于心静、气顺。心静，就是精神放松、形意合一，使我们的大脑处于真空状态。气顺，就是呼吸匀称，练功与体育不同，讲究呼吸与功法的协调配合，气顺才能血畅，经脉畅通，功法才会达到最佳效果。

第一式　韦陀降杵第一式

【基本动作】

【动作一】

（1）接预备势，两脚开立与肩同宽，双掌合十举于胸前。（图3-11）

图 3-11

（2）臂肘保持弯曲，双掌平开，掌心向上小鱼际相对。（图3-12）

（3）双掌内旋，手指画圆，两臂伸平至左右两侧。（图3-13、图3-14）

图 3-12

图 3-13

图 3-14

43

【动作二】

（1）掌心相对，指尖向前，两臂向前平举，直至与肩同宽。（图3-15）

（2）吸气，中指相对，两臂屈肘回收，直至劳宫穴对准中府穴，松肩抬肘。（图3-16）

图 3-15　　　　　　　　　　　　　图 3-16

【动作要领】

（1）双掌内旋后平开，可以最大限度地拉伸两臂经络。瓦垄掌平开时要感受到指尖的压力，意念也要随着双臂向外伸展到指尖的末梢。

（2）"环拱平当胸"，双臂从胸前合拢时，中指相对，感受气息在从手掌间聚合收回。劳宫穴对准中府穴时要稍停片刻。

（3）手臂要与肩同高，松肩虚腋，肩膀要自然虚开。

44

【易犯错误】

两掌内收时耸肩抬肘，身体僵硬；或松肩坠肘，身体疲软。

【纠正方法】

动作要自然放松，腋下要如同挟了一个鸡蛋之感。

【功理作用】

韦陀降杵的前三式是易筋经动功的基础，是最重要的根基，久练这三式，则人体精气神自然得到锻炼，一般疾患足以扫除了。韦陀降杵第一式属于正面桩式，后面两式和这式是有连带关系的，之所以都叫韦陀降杵，是寓意自己能降伏心中之魔而最终不再用这降魔法器。

第一式主要功效是调理肺气，"肺主气司呼吸"，肺是控制人身体气运的总枢纽。借助气血最为丰富的上肢，可起到均衡左右气机的作用，劳宫穴是人体比较重要的一个穴位，它与其他穴位相对时可以补人体之气。所谓气定神闲，就是人体内的气足了，人的神态表情便不再涣散游移，即可达到文献中所讲的"气定神皆敛，心澄貌亦恭"的境界了。

第二式　韦陀降杵第二式——横担降魔杵

视频讲解示范

【基本动作】

【动作一】

（1）接上式。掌心向上，双手下沉手掌前穿至平伸。（图3-17、图3-18）

图 3-17

图 3-18

（2）瓦垄掌平开至身体
左右两侧端平。（图 3-19）

图 3-19

图 3-20

【动作二】

（1）吸气，看左手，左掌向外伸展，感受指尖微微发麻。（图 3-20）

（2）呼气，看右手，右掌向外伸展，感受指尖微微发麻。（图 3-21）

图 3-21

【动作三】

呼气，慢慢提起脚后跟。正身，看前方（图3-22）

图 3-22

【动作要领】

（1）两掌平开时，与肩相平行，形成一字形，感觉两肩如负重担一般，因此叫"横担降魔杵"。

（2）看左右手要与呼吸相配合，每次一吸一呼都把意念送到指端。两端手指要有抻拽之意，两端的手感觉似要向两边跑，而意念要有回拉之意。

（3）提踵时意念集中于足部的大敦穴，这个动作可以拉伸到腿部的胆经。

【易犯错误】

48

（1）两臂外举时没有与肩平。

（2）没有提踵的动作。

【功理作用】

韦陀降杵第二式看着很简单，可要坚持下来实际很难，因为要保持动作的要求和要领，殊为不易。这种练习会让上肢筋脉充分伸展，梢为筋之余，这就是以练梢以抻筋。人体平时活动不到的筋节由于拉拽而松开，梢节的气血也会随之增强。

这一式也可以练习到肝胆经。在十二个时辰里，子时属于胆经，丑时属于肝经，所以晚上11点到3点属于子丑时，这个时候主肝胆经，横担降魔杵，主要是通过把脚后跟提起来，收腿内侧的肝经，和腿外侧的胆经，以达到疏通肝胆经的作用。

第三式 韦陀降杵第三式——掌托天轮

【基本动作】

【动作一】

接上式。双手平端内合至胸前，呼气，脚落平。（图3-23）

【动作二】

（1）手掌外旋，手臂弯曲回收至耳垂下。（图3-24）

图 3-23　　　　　　图 3-24

（2）吸气，慢慢提脚后跟，双掌上托至头顶呈托天状，臂肘挺直。（图3-25）

【动作三】

呼气，手掌下翻，两臂慢慢向下按回收，脚跟落回地面。（图3-26、图3-27）

图 3-25

图 3-26

图 3-27

【动作要领】

（1）双手上托时，双臂随呼气往上推出。托球之手，要五指分开，要有抱、托、捧住之意。

（2）注意配合意念和呼吸。眼睛不可随手上升而往上看，要往前平视，而神意则从头部天门处向上灌注。吸气时候，要把鼻放在肚脐上，从下而上，肋骨拔张，灌于肩部。呼气，则双臂上推，肋骨开张，同时下部、腹部放松放开。

【易犯错误】

（1）意念停滞，没有意随行走。

（2）肌肉紧张，用蛮劲上托。

【如何纠正】

易筋经主要锻炼的是筋骨，并非锻炼肌肉。因此开始锻炼时，全身可能会发紧，后背双肩酸麻感甚重，此时要着力放松肌肉，不可让肌肉紧张。

【功理作用】

通过上肢撑举和下肢提踵相结合，可调理到人体的上、中、下三焦之气，令人全身气流涌动。同时，手臂上托，也可改善肩关节的血液循环，起到伸筋拔骨的作用。

第四式　摘星换斗式

【基本动作】

左摘星换斗

【动作一】

（1）接上式。吸气，双手交叉于胸前，右掌在内侧左掌在外侧。（图 3-28）

（2）右掌内旋至于身后，左掌从体前下按，眼睛目视左掌。（图 3-29、图 3-30）

图 3-28

图 3-29

【动作二】

（1）呼气，双足不动，身体从右侧随左掌慢慢转向左侧。（图3-31）

图 3-30

图 3-31

（2）吸气，左掌慢慢上举，掌心向外，手指向前,抬头目视左掌。（图3-32）

53

图 3-32

【动作三】

（1）吸气，松右掌，右掌从体前画圆上举，与左掌在头顶会合。（图3-33～图3-35）

图 3-33

图 3-34

图 3-35

（2）双掌画圆从身体两侧平举下按，经体前十字手交叉。（图3-36）

右摘星换斗

右摘星换斗与左摘星换斗动作相同，方向相反。左右各3次。

图3-36

【动作要领】

（1）摘星时，要目视劳宫穴，而意念则守在腰部命门穴。

（2）头部要随手臂扭动上抬，起到锻炼颈椎的目的。

【易犯错误】

只注意到前方的手臂，后面的手臂没有贴近腰部命门穴，过于放松。

【功理作用】

（1）这一式通过扭转脊柱及双臂的一开一合，双目仰视劳宫穴，而意念紧守命门穴，使身体的真气同时得到发动和收敛，可以达到壮腰健肾的功效。

（2）通过腰部、肩部和颈椎的拉伸扭转，平时得不到锻炼的脆弱关节都可以得到活动，有效缓解颈椎病、肩周炎等疾病。

55

第五式　倒拽九牛尾式

【基本动作】

右倒拽九牛尾

【动作一】

（1）接上式。身体向左侧转体，左脚向前迈一步呈弓步站立，右脚内扣。（图3-37）

图 3-37

（2）双手从体前交叉，左手在前右手在后，手心向内。（图3-38）

图 3-38

（3）手心向外翻转，同时两臂由内向外画圆：上举至头顶，吸气；再从身体左右两侧慢慢放下，呼气。（图3-39、图3-40）

【动作二】

（1）双手经身体两侧向身体正前方上举至与地面水平，掌心向上。（图3-41）

图 3-39

图 3-40

图 3-41

57

（2）顺势微屈双臂，双手握空心拳，掌心面向身体。（图3-42）

（3）左手空心拳向内旋转，外翻掌心向前。（图3-43）

图3-42 图3-43

【动作三】

（1）右手下拉，收至腰间。右手空心拳，内旋，再下拉。（图3-44、图3-45）

图3-44 图3-45

（2）同时呼气，身体下按，屈左腿，右腿伸直。右臂伸直尽量贴近右腿。两臂张开呈一字形。目视右拳方向。右拳掌心向上，左臂向左斜上方伸直，左拳掌心向下。（图3-46、图3-47）

图 3-46

图 3-47

（3）起身，两腿站直，身体向左侧转动。右手背于身后，左手拽回，吸气，再向左后方转身至极限。

（4）转回，身体展开，呼气，身体下按，动作同步骤二。

（5）接着重复动作三，起身、下按，共做3次。

【动作四】

（1）3 次之后，起身，收左脚，两脚开立，成正面站立。（图 3-48）

（2）吸气，右手从身体右侧抬起，举过头顶。左手从右侧方向在体前画半圆，举过头顶。双手交叉，左手在前。（图 3-49）

（3）分别松开五只手指。呼气，两臂从身体两侧画圆放下。收势，吸气起掌，指尖相对。呼气按掌还原。（图 3-50、图 3-51）

图 3-48

图 3-49

图 3-50

图 3-51

左倒拽九牛尾

【动作一】

（1）接上式。身体向右侧转体，开右弓步，左脚内扣。（图3-52）

（2）双手从体前交叉，右手在前左手在后，手心向内。（图3-53）

图 3-52

图 3-53

（3）手心向外翻转，同时
两臂由内向外画圆：上举至头
顶，吸气；再从身体左右两侧
慢慢放下，呼气。（图 3-54、
图 3-55）

【动作二】

（1）双手经身体两侧向
身体正前方上举至与地面水
平，掌心向上。（图 3-56）

图 3-54

图 3-55   图 3-56

（2）顺势微屈双臂，双手握空心拳，掌心面向身体。（图3-57）

（3）右手空心拳向内旋转，外翻掌心向前。（图3-58）

图3-57　　　　　　　　　　　　　　图3-58

【动作三】

（1）左手下拉，收至腰间。左手空心拳，内旋，再下拉。（图3-59、图3-60）

图3-59　　　　　　　　　　　　　　图3-60

63

（2）同时呼气，身体下按，屈右膝，左腿伸直。左臂伸直尽量贴近左腿。两臂张开呈一字形。目视左拳方向。左拳掌心向上，右臂向右斜上方伸直，右拳掌心向下。（图 3-61、图 3-62）

图 3-61

图 3-62

（3）起身，两腿站直，身体直立，向右侧转动。左手背于身后，右手拽回，吸气，再向右后方转身至极限。

（4）转回，身体展开，呼气，身体下按，动作同步骤二。

（5）接着重复动作三，起身、下按，共做 3 次。

动作四

（1）3次之后，起身，收右脚，两脚开立，呈正面站立。（图3-63）

（2）吸气，左手从身体左侧抬起，举过头顶。右手从左侧方向在体前画半圆，举过头顶。双手交叉，右手在前。（图3-64）

图 3-63　　　　　　　　　　图 3-64

（3）分别松开五只手指。呼气，两臂从身体两侧画圆放下。收势，吸气起掌，指尖相对。呼气按掌还原。（图3-65、图3-66）

【动作要领】

65

（1）握空心拳时要注意从小指到拇指逐个握起，松指弹出时要从小指到拇指逐个弹出。

图 3-65   图 3-66

　　（2）手臂从展臂到内旋回收的过程中要用暗劲，如拽九头牛尾，前腿蹬后腿弓，展臂时前胸舒展后背夹紧，回拽时则前胸内含而后背舒展。

　　（3）扭转脊柱时，力气灌注手臂和全身，要自然呼吸，不要屏息凝气。

【易犯错误】

　　（1）只扭转手臂和头部，没有锻炼到脊柱。

　　（2）呼吸不自然。

【纠正方法】

要以腰带肩，以肩带臂，扭转身体时自然协调，以能锻炼到脊柱为主。

【功理作用】

人体后背脊柱上有心俞和肺俞，平时人们很难能锻炼到背部夹脊处的穴位。倒拽九牛尾式通过气息的开合和脊柱的旋转，刺激背部夹脊、肺俞、心俞等穴位，可以达到疏通夹脊和调练心肺的作用。

第六式　击掌亮翅式

【基本动作】

【动作一】

（1）双脚开立站稳。两手手腕弯曲，手掌向后抬起，掌心向上。（图3-67）

图3-67

（2）两手掌同时向内侧旋转抬起抵至腰间，掌心向上。（图3-68）

（3）两手掌同时向外侧旋转抬起，在胸前抱球，掌心相对。（图3-69）

【动作二】

（1）两臂手肘抬起，与地面水平。吸气，两手肘向后伸展，掌心相对，大拇指指向中府穴（第一肋骨间隙处）。（图3-70）

图 3-68

图 3-69

图 3-70

（2）吸气满气之后，手掌向前。呼气手掌向前推出，两臂伸直，与地面平行。（图3-71、图3-72）

（3）掌心相对，击掌。（图3-73）

图 3-71

图 3-72

图 3-73

69

【动作三】

（1）手掌向下外翻，掌心向外。双臂展开，向后滑落至身体两侧。（图3-74、图3-75）

图 3-74

图 3-75

（2）接动作一掌心向内侧翻转上抬，抵至腰间。（图3-76、图3-77）

图 3-76

图 3-77

（3）重复动作一至动作三，做 7 次击掌动作后，接第七式酒鬼拔马刀式。

【动作要领】

（1）两手拉开时要展肩扩胸，肩胛要有内收之感。

（2）两臂前推时，要运用内力将两掌推出去，重如排山，同时缓缓将气吐出去。

【易犯错误】

（1）扩胸展肩不充分，不能配合肺的呼吸。

（2）两掌推出时不使用内力，两臂过于松懈。

（3）呼吸与动作不协调，强呼强吸。

【纠正方法】

（1）出掌前肩胛要有内收之感。

（2）两掌向前推时，感觉力从手臂发出，慢慢灌注到指尖。

（3）按照"推呼收吸"的规律练习。

【功理作用】

这一式是练习心和肺的。通过手掌拉开、背部夹脊、手臂前推的动作导引，可开启中府、云门等穴位。肺主呼吸之关，起于云门、中府穴，反复练习此式可宣发肺气，改善呼吸功能及全身气血循环。

肺主人体肃降之气，只有肺气肃降，才能水道通调，反之肺气上逆，就会出现胸闷咳喘等症。另外，如果肺气不足，人的情绪也会忧郁，因此常练此式既可以改善肺部功能，又可起到舒郁散结的作用。

第七式　酒鬼拔马刀式

【基本动作】

右合左展

【动作一】

（1）接上式。做完3次击掌亮翅以后，最后一次收回腰间时，右手内旋背于身后，左掌收于腰间。（图3-78）

（2）左掌向右下方斜插，左臂伸直。（图3-79）

图 3-78

图 3-79

（3）左臂从身体左侧向
上抬起至体侧。中指与食指
分开，眼观劳宫穴（掌心位
置）。继续上抬，左手举过
头顶。（图3-80、图3-81）

（4）屈左肘，用左手中
指食指夹住右耳耳垂，呈枕
式抱头。（图3-82）

图 3-80

图 3-81

图 3-82

73

【动作二】

（1）右合：向右侧转身，目视右后方，转身至极限，呼气。（图3-83）

（2）左展：转身回正，接着向左侧转身，目视左后方，转身至极致，吸气。（图3-84）

图 3-83   图 3-84

（3）右合吸气，左展呼气，左右转身共做3次。

（4）3次做完后，右手放下，上举至头顶与左手交叉，右手在前。双手体侧画圆打开，接左合右展。（图3-85～图3-87）

图 3-85

图 3-86

图 3-87

左合右展

【动作一】

（1）接上式。左手内旋背于身后，右掌收于腰间。（图 3-88）

图 3-88

75

（2）右掌向左下方斜插，右臂伸直。（图 3-89）

（3）右臂从身体右侧向上抬起至体侧。中指与食指分开，眼观劳宫穴（掌心位置）。继续上抬，右手举过头顶。（图 3-90、图 3-91）

图 3-89

图 3-90

图 3-91

（4）屈右肘，用右手中指食指夹住左耳耳垂，呈枕式抱头。（图3-92）

【动作二】

（1）左合：向左侧转身，目视右后方，转身至极限，呼气。（图3-93）

（2）右展：转身回正，接着向右侧转身，目视右后方，转身至极致，吸气。（图3-94）

图 3-92

图 3-93

图 3-94

（3）左合吸气，右展呼气，左右转身共做 3 次。

（4）三次做完后，左手放下，上举至头顶与右手交叉，左手在前。（图 3-75、图 3-76）

（5）双手体侧画圆打开。（图 3-77）

图 3-75

图 3-76

图 3-77

【动作要领】

（1）手臂举过头顶时，要用掌心抱着"玉枕关"，用手指轻轻拉着耳朵的"天城穴"（即耳朵的尖端，把耳轮折卷，有骑缝处）。

（2）背后的掌要贴在两个胛骨的中间，约在脊柱第五、六、七椎之间，隐约有被背心吸着的感觉。

（3）在扭转身体时，身子既要放松又要笔直，手臂要与身体保持相对稳定的位置，不能随意摆动。

【易犯错误】

（1）身后之臂过于放松，没有贴在胛骨之间。
（2）头部上方的手臂没有贴紧耳郭。

【功理作用】

通过扭转脊柱，可以锻炼到人体中焦，疏通玉枕关、夹脊关等要穴，让脾、胃、肾得到强健，同时还可以锻炼人的颈椎、胸椎、腰椎，对腰肌劳损、肌肉酸痛等具有良好的改善作用。

第八式 三盘落地式

【基本动作】

【动作一】

（1）双脚开立站稳。双手手掌翻开向前。（图 3-78）

（2）两臂伸直同时向上抬起，双手上托举至头顶，掌心相对。（图 3-79）

79

图 3-78   图 3-79

【动作二】

（1）吸气，脚跟上抬，脚尖点地。同时双臂伸直，双手向上用力延伸。（图 3-80）

（2）翻掌，掌心向外。呼气，手掌下按，屈膝下蹲。呼气时口呈圆形，呼气同时发长声"嗨"。（图 3-81、图 3-82）

（3）下蹲过程不宜太快，保持身体稳定，深蹲至极限。（图 3-83）

图 3-80

图 3-81

图 3-82

图 3-83

【动作三】

（1）掌心向外翻开上钩，掌心向上。脚跟落地。（图3-84）

（2）双臂伸直，双手上举。同时吸气，起身直立。双臂举过头顶，
重复动作一至动作三，共3次。（图3-85）

图 3-84

图 3-85

【动作四】

（1）结束势。做完第3次下蹲后，直立起身，双手上托举过头顶。
翻掌，掌心向下。（图3-86）

（2）呼气，掌心下按，收势。（图3-87）

图 3-86

图 3-87

【动作要领】

（1）上托时要如负重物，感觉将体内的阳气随手掌慢慢向上提升，下按时要两臂自然下放，松腰敛臀，气蓄小腹。

（2）发"嗨"音时，音要从喉部发出，同时吐气，感受气沉丹田。

（3）虎口撑圆，目视前方，舌抵上腭，身体中正。

【易犯错误】

（1）上托时身体松懈，手臂没有运力。

（2）下按时忘记口吐"嗨"音。

83

【功理作用】

三盘落地式主要练习的是心脏和肾脏。通过两掌运气上托，将体内阳气升发起来，将自然界的清气引入体内。然后再通过身体下蹲，双臂下按，将吸入体内的气下沉至丹田。升降三次，托天接地，激发全身气血循环，起到内外气混合的目的。同时，发"嗨"声是这一式里非常重要的练功方法。"嗨"乃肾气之发声，通过口吐"嗨"音，可以把心脏的火引到肾水里来，所以这一式可以练习到心和肾两个脏腑器官。

心肾相交在中医养生里非常重要。心属火，居上焦，主藏神，为阳中之阳脏；肾属水，位下焦，主藏精，为阳中之阴脏。二者水火既济，阴阳互制，精神相关，存在着密切联系。清代《傅青主女科》里记载道："肾无心火则水寒，心无肾水则火炙，心必得肾水以滋润，肾必得心火以温暖。"具体指出心肾之间上下交通水火相济，方能维持机体的协调平衡。这一式在传统的养生功夫里面是至关重要的。

第九式　青龙探爪式

【基本动作】

右龙探爪

【动作一】

（1）起势，掌心向下。翻掌，收于腰间。右手肘向体侧抬起，右手呈龙爪手。肘部用力上提外展。微屈右膝，重心移至右脚。（图3-88～图3-90）

（2）右手龙爪尽量贴于面部边缘伸出，身体左转，微屈左膝，重心移至左脚。右手向左侧探爪，尽量伸直到极限。（图3-91）

图 3-88

图 3-89

图 3-90

图 3-91

（3）头部向左侧转向后方，向下埋头，目视右脚后足跟。拉伸身体右侧肝经。（图3-92）

（4）右爪收回，手掌向外，立于左侧面部，身体回正。（图3-93）

图3-92　　　　　　　　　　　　　图3-93

【动作二】

（1）身体从左侧弯腰，双腿伸直。右爪变掌，贴身体左侧下滑，伸直下按于地面。呼气。身体尽量向左腿靠拢，右掌放于左脚后跟处。（图3-94、图3-95）

图3-94

图 3-95

（2）右掌扶地面，身体从左向右侧转身，尽量向右腿靠拢。右掌放于右脚后方。（图3-96、图3-97）

图 3-96

图 3-97

【动作三】

（1）右掌握固（大拇指抵于无名指根，四指合拢），吸气，起身直立，双手收于腰间。（图3-98、图3-99）

图 3-98

87

张氏易筋经

图 3-99

（2）呼气，分别松开右手五只手指。提手掌，按掌，再次收回腰间，接左龙探爪。（图3-100～图3-102）

图 3-100

图 3-101

图 3-102

左龙探爪

【动作一】

（1）接上式。双手收于腰间。左手呈龙爪手，左手肘向体侧抬起。肘部用力上提外展。微屈左膝，重心移至左脚。（图 3-103）

（2）左手龙爪尽量贴于面部边缘伸出，身体右转，微屈右膝，重心移至右脚。左手向右侧探爪，尽量伸直到极限。（图 3-104）

图 3-103   图 3-104

89

（3）头部向右侧转向后方，向下埋头，目视左脚后足跟。拉伸身体左侧肝经。（图 3-105）

（4）左爪收回，手掌向外，立于右侧面部，身体回正。（图 3-106）

图 3-105　　　　　　　　　　　　图 3-106

【动作二】

（1）身体从右侧弯腰，双腿伸直。左爪变掌，贴身体右侧下滑，伸直下按于地面。呼气。身体尽量向右腿靠拢，左掌放于右脚后跟处。（图 3-107）

图 3-107

（2）左掌扶地面，身体从右向左侧转身，尽量向左腿靠拢。左掌放于左脚后方。（图3-108）

图 3-108

【动作三】

（1）左掌握固（大拇指抵于无名指根，四指合拢），吸气，起身直立，双手收于腰间。（图3-109）

（2）呼气，分别松开左手五只手指。提手掌，按掌。（图3-110）

图 3-109

图 3-110

91

（3）收势。吸气双手掌心
向下，指尖相对，提于胸前。
收左腿。呼气按掌。（图3-111）

图 3-111

【动作要领】

（1）做龙爪手时，五指要伸直分开，拇指、食指、无名指、小指内收，
中指略高于其他四指，劳宫穴不打开，内收于爪心。

（2）探爪时，身体要随之前倾，感受到从腿部到"爪"指尖经络
的拉伸。

（3）握固后守在腰间章门穴稍停片刻。

【易犯错误】

下探时双膝弯曲，没有起到拉伸的作用。

【功理作用】

这一式的功效主要用于锻炼肝气、强健腰脊。"青龙探爪"的名

字里便已暗含了此式动作与肝脏的关联。中医将青龙、白虎、朱雀、玄武一一对应于脏腑，青龙为东方之神，东方甲乙木属肝，因此青龙对应的五脏为肝。青龙的形象是飞腾向上的，肝主生发，这一式的动作需要像青龙一样慢慢地生发。同时，在五脏与五行的对应关系里，肝对应木。"木曰曲直"，意思是木头的生长是盘旋式的，盘旋就要有收的作用。所以，在做这个动作的时候，一定要在"探爪"的同时学会"收"，一边生发一边收敛。如果肝气生发得太快、太过，就会出现血压高、肝阳上亢等问题。

　　"探爪"时，人体从脚趾开始，到太冲穴、三阴交，一直到肛门、心门、三金穴都会被拉开。中医有"带脉上合肝经"的说法，意思是肝经与带脉息息相关。"青龙探爪式"可通过开带脉来达到调养肝气的功效。在带脉打开后，要做收的动作，就是"握固"。"握固"这个动作很关键，人的这个手指是乾位，这一式的目的在于收肝肾气。因此，这个收式可以收心求静，强肝固肾。

第十式　卧虎扑食式

【基本动作】

左卧虎扑食

【动作一】

　　（1）起势。向左侧转身，开左弓步。（图 3-112）

　　（2）双手体前交叉，两臂由内画半圆举过头顶，吸气；再向外画半圆放于身体两侧，呼气。（图 3-113 ～图 3-115）

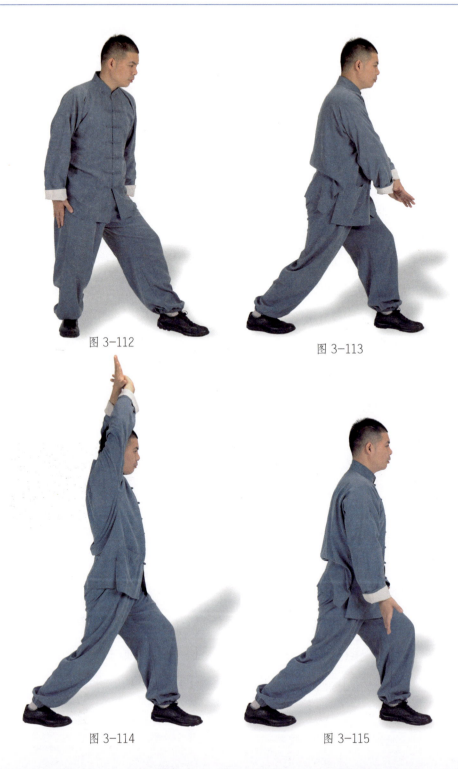

图 3-112

图 3-113

图 3-114

图 3-115

【动作二】

（1）吸气，掌心向上。两臂体前上抬，两手外翻直立变虎爪，掌心向外，重心放左脚。（图 3-116）

（2）重心移至右脚，勾起左脚脚尖，两虎爪回拉，收于中府穴（第一肋骨间隙处）。（图 3-117）

（3）再次左弓步，重心放于左脚，将两爪用力推出。（图 3-118）

图 3-116

图 3-117

图 3-118

【动作三】

（1）呼气。弯腰，十指按地。双脚脚后跟抬起，右腿膝盖落下贴于地面。（图3-119）

（2）十指按地，蹬直左腿，脚尖点地，起腰。同时抬起右腿，向上伸直，尽量到达极限。抬头，目视前方。（图3-120）

（3）呼气，低头，同时身体下按：屈左膝，屈双肘，弯右膝。（图3-121）

（4）吸气，再次抬起右腿，向上伸直。

图 3-119

图 3-120

图 3-121

（5）抬头目视前方。动作三的步骤
（2）～（4）重复做3次。3次后，左脚
脚跟落地，右脚勾脚尖，向后撤一步脚尖
点地，抬头。同步骤（1）。（图3-122）

图 3-122

【动作四】

（1）右脚脚跟落地，弓背起腰，十指离开地面。（图3-123）

（2）右腿屈膝，左腿伸直，上身直立。双手握固交叉于体前，左
手在上。（图3-124）

图 3-123

图 3-124

97

（3）身体向后倾斜拉伸，仰头。（图 3-125）

（4）屈双腿（马步）转身回至正前方。（图 3-126）

图 3-125

图 3-126

（5）呼气，分别松开五只手指。收势，直立，收回左脚。吸气起掌，指尖相对；呼气按掌，接右卧虎扑食。（图 3-127）

图 3-127

右卧虎扑食

【动作一】

（1）接上式。向右侧转身，开右弓步。（图3-128）

（2）双手体前交叉，两臂由内画半圆举过头顶，吸气；再向外画半圆放于身体两侧，呼气。（图3-129～图3-131）

图3-128

图3-129

图3-130

99

图 3-131

【动作二】

（1）吸气，掌心向上。两臂体前上抬，两手外翻直立变虎爪，掌心向外，重心前移至右脚。（图3-132）

（2）重心后移至左脚，勾起右脚脚尖，两爪回拉，收于中府穴（第一肋骨间隙处）。（图3-133）

图 3-132

图 3-133

（3）再次右弓步，重心前移至右脚，将两爪用力推出。（图3-134）

【动作三】

（1）呼气。弯腰，十指按地。双脚脚后跟抬起，左腿膝盖落下贴于地面。（图3-135）

图 3-134

图 3-135

（2）十指按地，蹬直右腿，脚跟离地，起腰。同时抬起左腿，向上伸直，尽量到达极限。抬头，目视前方。（图3-136）

图 3-136

（3）呼气，低头，同时身体下按；屈右膝，屈双肘，弯左膝。（图3-137）

（4）吸气，再次抬起左腿，向上伸直。

（5）抬头目视前方。动作三的步骤（2）～（4）重复做3次。3次后，右脚脚跟落地，左脚勾脚尖，向后撤一步脚尖点地，抬头。动作同步骤（1）。（图3-138）

图 3-137

图 3-138

【动作四】

（1）左脚脚跟落地，弓背起腰，十指离开地面。（图3-139）

（2）左腿屈膝，右腿伸直，上身直立。双手握固交叉于体前，左手在上。（图3-140）

（3）身体向后倾斜拉伸，仰头。（图3-141）

102

（4）屈双腿（马步）转身回至正前方。（图3-142）

图 3-139

（5）呼气，分别松开五只手指。收势，直立，收回右脚。吸气起掌，指尖相对；呼气按掌。（图3-143）

图 3-140

图 3-141

图 3-142

图 3-143

【动作要领】

（1）动作二上抬时，要用躯干的涌动带动双手前扑绕环。

（2）动作三弓步腿时，注意保持身体的平衡。

（3）动作四抬头、瞪目时，力达指尖，腰背部形成反弓形。

【易犯错误】

（1）"两爪"着地弓步向前时，容易重心不稳，左右摇摆。

（2）手没有呈虎爪撑地，而是手掌撑地，或五指没有弯曲。

【纠正方法】

（1）下蹲时，躯干始终保持直立，头向上抬时不用弯曲脊柱，自然抬起颈椎，目视前方。

（2）五指尖保持一定张力，力聚指尖。

【功法原理】

卧虎扑食式主要功效在于拉伸人体的任脉。中医认为，任脉为阴脉之海，统领全身阴经之气，女人如果任脉不通可能会出现生育困难等问题。中医讲究平衡阴阳，首先阴气要降下去，阳气才能升上来。通过虎扑之势，身体的后仰，胸腹的伸展，可使任脉得以舒伸及调养，以调和手足三阴之气。

第十一式　打躬式

【基本动作】

【动作一】

（1）起势。吸气，抬起双手，掌心向下。翻掌，掌心向上，收回腰间。（图 3-144）

（2）呼气。向下伸掌，双臂伸直。（图 3-145）

【动作二】

（1）双臂向下延伸至极限，吸气，双臂从左右两侧抬起，与地面平行。（图 3-146）

图 3-144

图 3-145

图 3-146

105

（2）吸气，头转向左侧，眼观左手指尖。呼气，头转右侧，眼观右手指尖。（图3-147、图3-148）

图 3-147   图 3-148

（3）双手抱头放在脑后。劳宫穴（手掌后端）堵住耳朵。用手指轻弹脑后左右两侧风池穴（耳根在脑后沿线上，依脑后中线左右对称）7次。保持呼吸均匀。（图3-149）

图 3-149

【动作三】

（1）吸气。呼气向前打躬。先伸展背部，直至上身弯下用力贴膝间，再弯下头部，用力贴腿间。（图 3-150、图 3-151）

（2）起身，再重复动作三。共做 3 次。

图 3-150

图 3-151

【动作四】

（1）双手弹开。吸气，两手交叉（右手在前），向上伸展举过头顶。（图3-152）

图 3-152

107

（2）呼气，两臂从两侧打开，掌心向前，落下至身体两侧。（图3-153）

（3）吸气，掌心向上，两臂从身体前方举起，举过头顶。立起脚尖，双手向上用力伸展。（图3-154）

（4）翻掌向前，呼气。收势，指尖相对，按下手掌还原双臂。（图3-155）

图 3-153

图 3-154

图 3-155

【动作要领】

（1）在鸣天鼓时要求顶平项直，这样人体的经络及肾气才可得到调理，督脉得到疏通。

（2）向下打躬的时候，百会穴尽量向前顶，后背的督脉尽量伸直。

（3）身体前屈时，脊柱从腰自颈逐节向下弯曲如钩，最后用头部尽量贴近腿；起身时，从尾椎逐节伸展上拔。

【易犯错误】

前躬、起身时，动作过快过猛，没有依次锻炼到胸椎、腰椎、骶椎。

【功理作用】

打躬式也叫击鼓打躬，击鼓就是鸣天鼓，用手心的劳宫穴堵住耳朵，手指轻敲风池穴时，由骨传导形成声音，我们听到的"咚咚"声，音响宛如"天鼓"，因此称为"鸣天鼓"。打躬式主要练习的是人的督脉，督脉贯脊属肾，肾藏精，为元气之海。中医学认为，肾开窍于耳，肾气足则听觉灵敏；耳通于脑，脑为髓之海，肾虚则髓海不足，就易致头晕、耳鸣。鸣天鼓则通过掩耳和叩击对耳产生刺激，由此达到调补肾元、强本固肾的功效。经常做鸣天鼓可对头晕、健忘、耳鸣等肾虚症状均有一定的预防和康复作用。

本式是易筋经十二式气脉周流十四经脉，至足少阳，并逐渐向收势过渡的架子。气脉运行以任督两脉为主，并向少阳，厥阴流注。久练则周身轻松，头脑清醒，耳聪目明，是全套功夫收势的过渡功夫。

109

第十二式　掉尾式

【基本动作】

【动作一】

（1）龙爪起势。吸气，双手体前抬起，上举过头顶，立脚尖，双手用力向上延伸。（图3-156）

（2）向下按掌，指尖相对。呼气，落脚跟，向下按掌位于胸前。（图3-157）

图 3-156　　　　　　　　　　图 3-157

【动作二】

（1）十指交叉，向下俯身，按掌位于地面。（图3-158）

（2）吸气，向左转头，回头眼观尾闾穴（尾骨端）。呼气，向右转头，回头眼观尾闾穴（尾骨端）。（图3-159、图3-160）

（3）重复动作二之第（2）步骤，左右转头共3次。

【动作三】

（1）双手打开，手臂滑回身体两侧，起身站立。（图3-161）

图 3-158

图 3-159

图 3-160

图 3-161

111

（2）双手握固（拇指抵于无名指根，四指握住）于丹田，吸气。（图3-162）

（3）呼气，分别弹开五根手指。（图3-163）

图 3-162   图 3-163

（4）吸气，两臂张开，从身体两侧抬起上举。呼气收势，按掌还原。（图3-164、图3-165）

图 3-164   图 3-165

【动作要领】

（1）在推掌及地时意念集中在两掌心，直立时意念集中于鼻尖。

（2）自然呼吸，意念专一。

【易犯错误】

摇头摆臀时，身体重心左右摇晃。

【功理作用】

本式是易筋经最后一个姿势，是结束练功的一种收势。看来简单，实则能使全身20部常经奇经的气脉，通畅调和，锻炼之后，全身各部统一松散开来，在练功之后，全身觉得轻松舒适。掉尾式和八段锦里面的摇头摆尾去心火的功效是一样的，通过左右旋转脊柱，首尾相望，达到调节心肺和放松的目的。

收　势

【基本动作】

【动作一】

（1）起势。吸气，双手抬起，掌心向下。（图3-166）

图3-166

113

（2）翻掌，掌心向上，收回腰间。（图3-167）

（3）呼气，双臂向下伸直。（图3-168）

【动作二】

（1）吸气，手臂向两侧抬起，与地面水平，掌心向上。（图3-169）

图 3-167

图 3-168

图 3-169

图 3-170

（2）呼气，头缓慢转向左侧，眼睛看左手指尖。吸气，头部缓慢转回。（图 3-170）

（3）呼气，头缓慢转向右侧，眼睛看右手指尖。吸气，头部回正。呼气。（图 3-171）

【动作三】

（1）吸气，双手从两侧向上抬起，举过头顶，掌心相对。（图 3-172）

图 3-171

图 3-172

115

（2）掌心合十，眼光由远及近，目似垂帘。呼气向下，双手收于胸前。（图3-173）

（3）闭目，调息。做3次深呼吸。放下双手位于身体两侧。（图3-174）

图 3-173　　　　　　　图 3-174

【动作要领】

（1）在双手向下引的过程中，先将气血引入腹部丹田，之后意念要继续下引，经过涌泉穴入地。

（2）动作三时，目似垂帘，三观合一，呼吸由浅入深，意想自身之气与天地分离，收归自身，下沉丹田。

【易犯错误】

没有配合呼吸和意念，心意没有收回。

【功理作用】

易筋经的收势和预备势一样，都是要逐渐回到静的状态。在练习完十二式之后，气在体内沿着经络顺利游走，收势可以让漫游的气回归丹田。收势后，浑身轻松自在，不会大喘气或出虚汗，又能精神焕发，没有剧烈运动后的不适。少林所有的功夫讲究互为首尾，易筋经虽然是动功，可是是静功开头静功收尾，动静相辅，体现了少林功法的精髓。

第四章　健康养生

一、易筋经的"筋"是什么

什么是"筋"？中医视"筋"的范围十分的庞杂，包括有骨骼之间的弹性纤维组织韧带、肌腹两端的索状和膜状致密结缔组织，以及肌肉附着和固定的肌腱、包在关节的周围附着于关节面周缘相邻的骨面关节囊、肌腹和肌腱外侧的筋膜，还有身体内部的胸膜、腹膜等软组织，都可以视为"筋"的范畴。中医有"伤筋动骨一百天"的说法，就是要提醒大家好好地保护好筋骨，因为如果筋骨损伤后需要长时间的休养，而保养好筋骨也等于掌握了养生的关键。

（一）筋的三种分类

筋是一种致密的结缔组织，从头到脚，从里到外广布全身。

1. 浅层筋

位于皮下纤维层，内有淋巴血管等。

2. 深层筋

包围着肌肉、骨骼、血管、神经等。

3. 内部筋

负责固定内脏器官，如胸膜、心包膜等。

（二）筋的锻炼目的

易筋经由"筋"的概念入手，提出了筋的 5 种病理状态和 5 种健

117

康状态。5 种病理状态依次是：筋弛、痉挛、筋靡、筋弱、筋缩；5 种健康状态依次是：筋和、筋舒、筋壮、筋强、筋长。个人受遗传及后天多种因素影响，筋的生长状态差异很大，健康水平也就此不同，而锻炼的目的，就是把各种病态之筋改造为健康的筋，所谓"筋弛者易之以和，痉挛者易之以舒，筋靡者易之以壮，筋弱者易之以强，筋缩者易之以长"，这也正是书名"易筋"的本意。只有完成这种改造，才能"人各成其人"。

（三）筋的锻炼内容

易筋经围绕"筋"的概念，把脏腑经络、气血津液等中医理论吸纳进来，并把锻炼对象加以分类，包括有形与无形两类。脏腑、四肢百骸等可见形体为"有形"，而周身上下之气为"无形"。强调在锻炼中必须"有无"结合，所谓"炼有形为无形之佐，培无形为有形之辅"，偏废任何一方都是偏颇的，"若专培无形而弃有形，则不可，专炼有形而弃无形，更不可"。并在有形之中选取了"筋"与"膜"两个范畴，无形以"气"为代表。提出"易筋以炼膜为先，炼膜以炼气为主"，"行此功者，必使气串于膜间，护其骨，壮其筋，合为一体，乃曰全功"。在这种思路指导下，易筋经建立了从内壮到外壮的锻炼体系。

二、筋紧张的原因

"筋"的作用十分重要，除了有包覆肌肉、连接肌肉骨骼、协同运动外，还具有保护内脏器官，可以对脏腑起到约束、缓冲、保护作用，还可以使脏腑间相互引导、协同、连动，促使组织运作协调，机体更加稳健、平衡。

然而长期久坐、情绪紧张暴躁、熬夜、喝酒等不良习惯，会造成肌肉的不自觉收缩，久而久之就会连带造成"筋"的损害，如无力、松垮、局部的肥厚、粘连等，一旦"筋"失去弹性和活力，会造成筋骨、脏腑系统出现不平衡，直接影响身体的健康，所以说，想拥有健康的身体，一定要有健康的"筋"。

三、筋紧张对身体造成的危害

当"筋"紧张、短缩时就会造成身体气血循环的阻碍，造成气滞血瘀，在中医里"不通则痛"的说法，所以筋缩是引起酸痛及各种疾病的起源。健康的"筋"是指的"筋"处于一种放松、具有弹性的状态，而不是紧缩或强硬。而要改善筋紧张除了适当的休息外，每天还需要5～10分钟松筋活络的伸展操才能够维持。此外，有些因为酸痛、担心运动伤害而不想运动的人，或人体越少活动的部位，筋紧张的程度会更加的严重。

（一）经络系统

人体的经络系统包含了十二正经、奇经八脉是气血运行的主要路径，而络脉则是经脉的细小分支，也是气血运行的路径，两者合称经络系统，主要负责运行气血，使身体处于平衡状态。当经络系统出现了堵塞，气血无法有效地输送到脏腑、筋骨、肌肉、神经等，就会发生疾病。而当"筋"失去弹性后，存在筋骨间的经络系统就会出现不平衡，造成气血在局部的阻塞，使气血运行不畅，进而影响到全身脏腑，造成多种疾病。

（二）肌肉系统

筋是连接骨、肉的关键，而筋膜是保护、营养、协调肌肉和肌腱的重要物质，也是属于"筋"的范畴。当"筋"出现问题导致肌肉无法有效地活动，或是肌肉和骨骼之间出现了不协调时，势必会感到酸痛、

紧张、挛缩等不良反应。而当筋膜因外力导致伤害后，也会造成肌肉的受损，会出现肿胀、疼痛或是局部水肿等不适症状。

（三）骨骼系统

人体有 206 块骨头，骨骼是人体的支架，骨骼和骨骼相连的部位为关节，是借由"筋"来相互连接的，所以"筋"和骨骼系统是相互依存的。如果骨架不端正，就会连带着筋、肌肉的不平衡，当一味挤压出现时，气血流动不畅，进而导致脏腑病变，导致代谢和内分泌机能的低下。反过来当骨骼受伤或退化，"筋"也会受到波及而出现局部的僵硬、疼痛、肿胀等不适感。

（四）心血管系统

"筋"的通畅与否和血液系统的循环是相辅相成的，当肌肉拉伤，筋膜内的微血管破裂，会造成局部的血肿、淤青，常伴随着剧烈的疼痛。如果因"筋"的不平衡造成血管受到挤压，出现血管淤积堵塞，血流量降低，导致气血流行的不畅，就会出现局部麻痹，更严重还会导致心血管病变。

（五）淋巴系统

浅层筋膜里有淋巴管，当发炎受伤时，组织液会堆积在筋膜间的缝隙里，等着被代谢，如果"筋"长时间地处在紧缩的状况下，肌肉紧张，造成气血无法畅行而无法有效地进行代谢，淋巴管内代谢的废物和淋巴液也会出现淤积，使有毒物质堆积在体内，这是造成酸痛、肿胀的祸首。